AF400096

Un abri en Décapole

© Francis Marxen, 2025.
Tous droits de reproduction, de traduction et d'adaptation
réservés pour tous les pays.
ISBN : 978-2-3225-7033-1.
Déposée à la SACD.

Couverture : Monotype de Luce Mahoudeaux-Duvoskeldt.
Cliché 4° de couverture : Blandine Le Coroller.
Maquette par l'auteur.

Édition : BoD · Books on Demand,
31 avenue Saint-Rémy, 57600 Forbach, bod@bod.fr
Impression : Libri Plureos GmbH, Friedensallee 273,
22763 Hamburg (Allemagne)
Dépôt légal : Mars 2025

Un abri en Décapole

Francis Marxen

Un abri en Décapole

a été représenté en public pour la première fois le 11 octobre 2024 sur la scène de l'amphithéâtre du Collège-Lycée Notre-Dame le Ménimur à Vannes, Morbihan, dans une mise en scène de Stéphane Girardot, avec en distribution :

L'homme [de Gérasa]..................Stéphane Girardot ;

La femme [adultère].......................Victoria Delorge ;

Saul..Francis Marxen.

L'action se passe entre 36 et 40 apr. J.-C. à l'intérieur d'une maison isolée et abandonnée, au bord d'une route de Décapole entre Damas et Philadelphe. Dehors, et pendant la plus grande partie de la pièce : pluie, vent, éclairs et grondements de tonnerre.

Acte I

Scène I

L'HOMME, LA FEMME

[A la lumière ou au lever du rideau, l'homme se chauffe assis auprès d'un brasero ou d'un petit foyer. La femme entre, se rend compte de la présence de l'homme qui n'a pas bougé.]

LA FEMME

Que la paix soit sur toi !

L'HOMME

Bonjour, femme. Que la paix soit sur toi également.

LA FEMME

Je te demande l'hospitalité. La tempête fait rage dehors et je suis fatiguée. J'ai besoin d'un abri et de repos.

L'HOMME

Entre, viens te sécher auprès de ce petit feu.

LA FEMME

J'ai mis mon âne dans ta bergerie. Si je t'importune, laisse-moi au moins m'y reposer, tant que durera cette tempête.

L'HOMME

Ah mais non ! Cette maison n'est pas à moi, elle était vide. Je suis venu m'y réfugier, comme toi. Personne ne m'a offert l'hospitalité, alors je l'ai prise. Fais-en de même.

LA FEMME

Merci. Alors cette maison est abandonnée ?

L'HOMME

Oui, mais pas depuis longtemps. Elle n'est pas encore délabrée. Espérons qu'elle résistera à cette tempête.

LA FEMME

Je ne suis pas de la région. Est-ce normal que le ciel se déchaîne ainsi en Décapole ? Sur la route, j'ai pensé que Dieu voulait nous punir par un nouveau déluge !

L'HOMME

En cette saison, les vents soulèvent les sables du désert et les orages éclatent. Le ciel abreuve alors la terre, mais trop vite. Les torrents d'eau ruissellent vers le lac de Génésareth, le Yabboq ou le Jourdain. Mais ce soir, c'est pire que d'habitude.

LA FEMME

Tu es d'ici ?

L'HOMME

Oui. Avant, j'habitais à Gérasa, à quelques jours de marche d'ici. Mais c'est fini depuis des années. Je n'ai plus de raison d'y retourner. Maintenant, je préfère l'éviter.

LA FEMME

C'est la première fois que je viens dans ce pays. Je suis juive, de Jérusalem. Connais-tu Jérusalem ?

L'HOMME

Je n'y suis allé qu'une seule fois. Je suis arrivé par la colline qui est au levant de la ville. Et puis, je suis descendu vers le torrent qui coule en contre-bas, mais je n'ai pas franchi ses murailles.

LA FEMME

C'est dommage, Jérusalem est belle.

L'HOMME

Elle te manque ?

LA FEMME

J'ai toujours dormi à l'abri de ses murs, ou presque. C'est la première fois que je la quitte sans savoir si j'y retournerai un jour. Je l'aime et elle fait partie de moi, même si elle sait parfois être cruelle. Mais peut-être que je t'ennuie avec mon bavardage ?

L'HOMME

Non, ta conversation me distrait de mes pensées. Où vas-tu ?

LA FEMME

A Damas, pour m'y installer.

L'HOMME

Tu voyages seule ? Ce n'est pas prudent.

LA FEMME

Oh, je n'ai pas grand-chose à perdre. Je suis veuve, pauvre, sans enfant, ni famille, ni fortune. Et il y a quelques années, je suis déjà morte, ou presque.

L'HOMME

Moi aussi j'ai souvent frôlé la mort. Elle venait me tourmenter, ou parfois me séduire. Puis, elle me laissait tranquille, jusqu'à sa prochaine visite. A cette époque, je l'enviais, je l'imaginais comme le soulagement dont j'avais besoin. J'ai même pensé faire le travail moi-même, plonger tout seul dans son abîme.

LA FEMME

Chez nous les juifs, c'est fauter que d'attenter à ses jours. Dieu nous a dit « tu ne tueras pas ». Cela vaut pour nous-mêmes.

L'HOMME

Je ne l'ai pas fait. Oh, pas par peur d'une faute. Parce que ça m'était impossible.

LA FEMME

Tu parles de façon bien mystérieuse.

[Un temps.]

C'est triste, une maison à l'abandon. Ça devrait grouiller de vie ! Au lieu de cela : rien. De la poussière qui s'accumule, des murs qui se lézardent, des vents qui s'engouffrent par les portes et les volets fendus, un toit qui fuit. Que penses-tu qu'il se soit passé ?

L'HOMME

En Décapole, il y a des incursions de pillards. Peut-être que les occupants de cette maison ont fui, ou ont été pris comme esclaves ? Ou encore une famille qui s'éteint faute d'enfant ? Ou une dispute d'héritage ? Bon, elle est vide, et elle nous sert d'abri. Restons ici, ce serait une folie de repartir en pleine nuit dans cette tempête !

LA FEMME

Mais ... qu'as-tu aux poignets ? Ces marques ? Ces cicatrices ? Tu es un esclave évadé ? Tu as fui ton maître ? Sommes-nous en danger si l'on nous trouve ici ?

L'HOMME

Rassure-toi, tu ne cours aucun risque avec moi. Je suis un homme libre. Délivré plutôt. Mais ce n'est pas d'un esclavage que j'ai été affranchi.

LA FEMME

Encore une énigme !

L'HOMME

Je parle peu de moi. Je n'aime pas ça.

LA FEMME

Mais tu as dit délivré : tu vois que tu as eu un maître ! Et il t'aurait affranchi après t'avoir entravé de chaînes ?

L'HOMME

Tu n'as rien à craindre de celui que tu appelles mon maître, je te le promets !

LA FEMME

Voyons, explique-toi ! De toute façon, la tempête nous cloue ici, alors pourquoi ne pas me raconter ?

L'HOMME

Bon, si tu veux. Mais cette histoire pourrait te faire peur ou t'attrister.

LA FEMME

Moi, j'aimerais bien l'entendre.

[Un temps.]
Mais ne souhaites-tu pas manger un peu ? J'ai ici un peu de pain et quelques falafels.

[Elle sort de son sac de quoi grignoter.]

L'HOMME

Volontiers, merci. J'ai trouvé quelques figues sur la route, avant que l'orage éclate.

[Il dépose quelques fruits entre eux, ils se mettent à manger.]

LA FEMME

Alors, raconte !

L'HOMME

J'ai été possédé par de nombreux démons.

LA FEMME

Des démons ?

L'HOMME

Des esprits malins m'ont tourmenté pendant des années. Ils avaient fait le siège de ma pensée, de ma volonté. Je hurlais des malédictions, des blasphèmes, des menaces à toutes les personnes que je croisais, aux animaux et même aux choses. J'ai été chassé de ma ville, Gérasa, comme le dément que j'étais devenu. J'ai dû abandonner ma femme et mes enfants. Parfois je me vautrais par terre et je tremblais pendant des heures. Je mangeais n'importe quoi. J'errais nu en hiver comme en été, j'étais d'une saleté repoussante, mon odeur faisait fuir même les bêtes sauvages.

LA FEMME

Et personne ne t'aidait ?

L'HOMME

De temps en temps, on me proposait un peu de nourriture ou des vêtements. Mais la plupart préféraient me fuir ou me chasser. J'ai reçu tant de coups.

LA FEMME

Que tu as dû être seul !

L'HOMME

Parfois des gens m'attrapaient à plusieurs pour me passer des fers. Ils voulaient que j'arrête de vagabonder, ou de terroriser leurs villages. Dès qu'ils cessaient de me maintenir, j'essayais d'arracher mes chaînes. Mes démons me donnaient une telle force que le fer ne pouvait m'entraver bien longtemps. C'est ça, les marques que j'ai aux poignets et aux chevilles.

LA FEMME

Et c'est à cette époque que tu voulait mourir ?

L'HOMME

Oui, dans mes rares moments de lucidité. Sauf que je n'avais plus de force. Je n'aurais pas pu saisir un caillou tranchant pour m'ouvrir les veines.

LA FEMME

Dieu merci tu ne l'as pas fait !

L'HOMME

Oh, des meutes de villageois m'ont plusieurs fois lapidé ou ont essayé de me jeter du haut d'une falaise, mais, à chaque fois, mes démons me donnaient assez d'énergie pour briser leur cercle et les fuir. Quand je voulais mourir, je ne le pouvais pas. Quand d'autres voulaient que je meure, je trouvais la force de rester en vie. Ça n'avait aucun sens !

LA FEMME

Et que sont devenus tes démons ?

L'HOMME

C'est un homme de ton pays qui les a chassés.

LA FEMME

Un juif ?

L'HOMME

Oui. Un jour, il est arrivé en bateau par le lac de Génésareth, juste après une violente tempête qui s'était arrêtée très subitement. Il a débarqué sur la plage avec son équipage. Je me suis précipité vers eux en les injuriant pour les faire partir. Mais lui, il est venu à ma rencontre, d'un pas déterminé, sans la moindre crainte. Il m'a regardé droit dans les yeux et il m'a pris comme ça. Mes démons l'ont interpellé par ma bouche, ils avaient peur. Sur son ordre, ils ont pris possession du grand troupeau de porcs qui mangeaient près du cimetière. Les cochons sont devenus complètement fous et ils se sont précipités dans le lac du haut de la falaise. Ils se sont tous noyés. Mais moi, je suis redevenu à cet instant-là un homme libre, guéri ! J'étais maître de mes pensées, capable d'aimer les hommes et la vie. Aucun démon n'est plus jamais revenu me tourmenter.

LA FEMME

J'imagine que les porchers étaient furieux !

L'HOMME

C'est le moins qu'on puisse dire ! Les villageois ont couru vers la plage et ont demandé à ce juif de repartir illico.

LA FEMME

Ils avaient peur ? Et toi, qu'as-tu fait ?

L'HOMME

J'ai voulu le suivre dans son bateau, mais il a préféré que je reste en Décapole pour témoigner de ce qu'il avait fait pour moi. Puis il a embarqué avec son équipage et ils sont repartis vers la Galilée. Je les ai regardés s'éloigner, longtemps, longtemps. Ensuite leur voile a disparu à l'horizon.

LA FEMME

Quelle histoire ! Mais quelle histoire !

L'HOMME

Oui. Mais toi, quelle est ta vie ? Pourquoi me disais-tu que tu as frôlé la mort ?

LA FEMME

Moi ? C'est aussi une histoire pénible qui se termine bien. J'ai été mariée très jeune à un vieil homme riche que je n'aimais pas. Il était beaucoup plus âgé que moi. Il partait souvent en voyage pour ses affaires, et pendant qu'il était loin, un jeune homme est venu me faire la cour. Il était beau et rieur, il parlait bien. J'ai fini par céder à ses avances, il est entré dans ma couche, et nous avons été surpris.

L'HOMME

C'est grave.

LA FEMME

Oui. Très grave. Un groupe de dévots m'a emmenée de force dans l'enceinte du Temple devant un rabbi qui était en train d'enseigner, en lui expliquant que j'avais été surprise avec mon amant. Le rabbi s'est mis à genoux par terre. Il a écrit avec son doigt sur le sable. Cette bande de dévots lui a demandé s'il fallait me lapider, comme la loi l'ordonne. Leurs regards étaient fourbes, ils voulaient lui tendre un piège, et moi, je leur servais d'appât. Lui, il continuait à écrire ou à dessiner sur le sable, comme s'il était ailleurs, étranger à ce tumulte. Ils ont insisté. Alors, il les a regardés, un par un, en silence, avec un regard qui était triste, doux mais ferme. Puis, il leur a dit. « Celui qui est sans péché parmi vous, lui le premier, qu'il jette sur elle une pierre ». Et il a recommencé à écrire dans le sable. Les hommes qui m'avaient emmenée ont tous baissé la tête. Ils avaient sans doute honte de leurs péchés qui remplissaient un puits sans fond. Et puis ils sont partis, tous, sans rien dire, les uns après les autres. A la fin, il n'y avait plus que le rabbi, ses disciples et moi. Et le silence.

L'HOMME

C'est étrange.

LA FEMME

J'étais à peine vêtue, je tremblais encore de honte et de peur. Le rabbi s'est levé, il est venu à moi, m'a recouverte de son manteau, et m'a demandé doucement : « Femme, où sont-ils donc tes accusateurs ? Personne ne t'a condamnée ? ». Entre deux pleurs, je lui ai répondu « Personne ». Alors, il m'a dit : « Moi non plus je ne te condamne pas. Va en paix, et à partir de maintenant, ne commets plus de péché. »

L'HOMME

Tu étais sauvée ...

LA FEMME

Oui, sauvée ! Mais pas seulement des pierres qui pouvaient me tuer. Quand il a posé son manteau sur moi, je me suis sentie aimée comme jamais je ne l'ai été par personne. Mes parents, mes frères et mes sœurs, eux aussi m'ont aimée, mais pas à ce point. Mon mari aussi m'a aimée. Pareil avec mes amies. Mais il n'y avait rien de comparable. Pas de désir pour moi, pas de rivalité, pas de responsabilité, pas de chantage pour être aimé en retour, juste le don d'un amour gratuit, sans limite. Lui et moi avions subi la même haine de la foule qui voulait voir couler notre sang. Lui pour avoir défié la loi, moi pour mon adultère. En quelques mots, il avait su renverser la situation, et pu témoigner de l'immense amour qu'il avait pour nous tous. Malgré nos péchés. Les miens comme ceux de nos accusateurs.

L'HOMME

Et qu'a fait ton mari ?

LA FEMME

Il est mort il y a un peu plus d'un an. C'était un homme doux et bon, qui avait bien voulu me pardonner mon péché et me garder auprès de lui. Je ne peux pas témoigner de toute la gratitude que je lui dois pour ça. Je ne l'ai plus jamais trompé, je l'ai aidé autant que j'ai pu et je l'ai enfin aimé. Quand il est tombé malade, je l'ai soigné nuit et jour. Dans les derniers jours de sa vie, il m'a demandé pardon de la vanité qu'il avait eue de vouloir épouser une fille beaucoup plus jeune que lui. A son dernier souffle, nous étions en paix.

L'HOMME

Et après sa mort, qu'as-tu fait ?

LA FEMME

A peine son tombeau refermé, alors que mes larmes coulaient encore sans arrêt, les fils de son premier mariage m'ont chassée de sa maison en me traitant de putain. Ces voleurs ne m'ont même pas rendu la moitié de ma dot. Ni mon père ni ma mère ni mes frères n'ont voulu me reprendre chez eux, ni m'aider à retrouver mon bien. Alors j'ai rejoint les disciples de ce pauvre rabbi et je me suis mise au service de leur communauté. On nous appelle les nazaréens.

L'HOMME

Pauvre ? Pourquoi dis-tu qu'il est pauvre ?

LA FEMME

Il a été mis à mort par les romains. La foule, excitée par les prêtres du Temple, l'avait demandé. Il a subi le fouet et la croix.

L'HOMME

La croix ?

LA FEMME

Oui ! Mais tu as raison, Il n'est ni pauvre ni à plaindre : après trois jours passés au tombeau, Dieu a relevé des morts rabbi Jésus, son Messie !

L'HOMME

Jésus ? Le juif qui m'a délivré s'appelait Jésus lui aussi !

LA FEMME

Comment est-ce possible ? Nous aurions croisé le même homme ?

L'HOMME

Oui, c'est bien ainsi que mes démons l'ont interpelé : « Jésus, le fils de Dieu le très haut ». Ses amis l'appelaient Jésus aussi. Il parlait comme un galiléen, pas avec l'accent de Judée. Tu en connais beaucoup des galiléens qui se nomment Jésus ?

LA FEMME

Il y a d'autres personnes qui portent ce nom chez nous, mais je n'en connais qu'un seul qui soit prophète, galiléen et capable de faire des miracles.

L'HOMME

Il était accompagné d'une dizaine d'hommes, galiléens eux aussi, et de quelques femmes. Je me souviens d'un gars énergique, au visage rude et qui semblait être le propriétaire du bateau. Il y avait aussi un jeune homme qui écoutait attentivement toutes les paroles que disait Jésus. Parfois il notait quelques mots sur une tablette de cire.

LA FEMME

Je les reconnais ! Le marin, c'est Simon, et le jeune homme, c'est Jean.

L'HOMME

Et c'est ce Jésus qui nous a délivrés tous les deux. Toi de la foule qui voulait te lapider, moi des démons qui m'ont volé ma vie.

LA FEMME

Béni soit-il, et béni soit son nom !

L'HOMME

Tu vois, je n'ai revu Jésus qu'une seule fois à Jérusalem. J'y suis allé car je voulais tenter ma chance, lui redemander de rester avec lui. Je me doutais qu'il y serait pour la Pâque, votre grande fête à vous les juifs. Je l'ai aperçu de loin, au torrent que vous appelez le Cédron. Il était monté sur un âne et la foule criait et l'acclamait. Elle voulait en faire un roi ou un grand-prêtre ou je ne sais quoi. Les gens posaient leurs manteaux sous les pas de l'âne et agitaient des palmes et ils chantaient. Il est entré dans la ville avec son curieux cortège. Alors, j'ai compris que ma place n'était pas là. Je suis reparti en Décapole, je n'ai même pas croisé son regard.

LA FEMME

Et c'est cette même foule qui demandait au gouverneur Pilate sa crucifixion moins d'une semaine plus tard. Les prêtres, les scribes et les pharisiens ne supportaient pas qu'il puisse parler de Dieu comme son père, ni se présenter comme l'envoyé de Dieu, le Messie, comme on l'appelle dans mon peuple.

L'HOMME

J'ignorais tout de sa mort. Et surtout sur une croix. Et tu me dis qu'il est sorti du tombeau, mais comment est-ce possible ?

LA FEMME

Je ne connais pas les secrets de Dieu et de son fils ... mais je peux te dire ce que m'a dit Maria, qui suivait Jésus depuis qu'il l'avait délivrée de ses démons. Tu vois, tu n'es pas le seul, il a tant guéri, tant soigné. Il a été crucifié la veille de la fête de la Pâque et a été mis au tombeau très vite, alors que la nuit allait tomber. Le jour suivant le sabbat, Maria et d'autres femmes sont allées au tombeau très tôt avec des aromates et de la myrrhe, pour embaumer son corps. Elles ont trouvé le tombeau ouvert et vide, avec seulement le linceul et le linge qui enveloppait sa tête. Maria a couru prévenir Simon et Jean et elle est retournée avec eux au tombeau. Ils étaient perplexes mais Jean a dit à Simon que Jésus s'était relevé des morts.

L'HOMME

Relevé des morts ? Quelqu'un aurait pu voler le corps de Jésus ...

LA FEMME

C'est ce que les prêtres du Temple ont dit. Sauf que les disciples avaient vu Lazare, le frère de Maria, mort depuis quatre jours, sortir vivant de son tombeau parce que Jésus le lui avait commandé. Jean a compris alors que Jésus était plus fort que la mort, qu'il l'avait vaincue.

L'HOMME

C 'est ce qu'il a cru. Ou qu'il a voulu croire.

LA FEMME

Peut-être mais écoute la suite. Maria est restée en pleurs devant le tombeau vide. Derrière elle, Jésus est apparu. Il lui a demandé pourquoi elle pleurait et qui elle cherchait. Elle était tellement désemparée qu'elle a cru que c'était un jardinier et qu'elle lui a demandé de rendre le corps. Alors, il l'a appelé par son nom, « Maria », elle s'est retournée et elle l'a reconnu, vivant. Depuis, rien ne saurait effacer la joie de son sourire, de ses yeux.

L'HOMME

C'est incroyable.

LA FEMME

Oui, mais le plus incroyable, c'est que les jours qui ont suivi, Jésus est venu plusieurs fois au milieu de ses disciples, à Jérusalem, à Béthanie ou en Galilée au bord du lac de Génésareth. Il leur a parlé, il a mangé avec eux, il leur a donné ses derniers enseignements. Et puis un jour il est retourné au ciel, vers son Père.

L'HOMME

Et que sont devenus ceux qui étaient avec lui ?

LA FEMME

Ils ont reçu l'Esprit-Saint.

L'HOMME

Le quoi ?

LA FEMME

L'Esprit-Saint, une force qui vient de Dieu. Maintenant, ils annoncent la bonne nouvelle : Jésus, le fils de Dieu, qui s'est fait homme et qui est mort pour nos fautes, est ressuscité pour que nous aussi nous vivions d'une vie éternelle. Ils appellent à la conversion. Ils soignent les malades et les possédés, ils partagent les biens en fonction des besoins de chacun. Quand je les ai rejoints, je leur ai donné le peu que j'avais sauvé de ma dot, et je me suis mise au travail. Ils sont maintenant ma famille et tous ensemble nous attendons le retour de Jésus.

L'HOMME

Et les chefs des juifs et les prêtres vous laissent faire ? Et les romains aussi ?

LA FEMME

Les romains ne s'en soucient pas, tant que la paix civile n'est pas troublée. Par contre les prêtres, les scribes et les pharisiens enragent et tentent de nous faire taire. Ils ont mis les apôtres en prison.

L'HOMME

Qui sont les apôtres ?

LA FEMME

Ce sont les douze disciples que Jésus avait choisis et appelés personnellement à le suivre. Les gardes du Temple les avaient enfermés dans un cachot, mais par un miracle de Dieu, ils ont été libérés. Dès le lendemain, ils annonçaient la Bonne Nouvelle dans le Temple. Ils ont été jugés et battus, les prêtres leur ont interdit de prêcher mais ils continuent sans relâche. Ils convertissent des juifs de Judée, de Samarie, de Galilée ou d'ailleurs. Mais la foule, excitée par les gens du Temple, a tué l'un d'entre nous à coups de pierres. J'ai assisté de loin à sa mort en pleurant. Depuis, certains d'entre nous ont fui Jérusalem et sont allés porter la Bonne Nouvelle ailleurs. D'autres ont été mis en prison. Moi, je vais à Damas pour rejoindre Ananie qui guide les nazaréens de cette ville.

[Bruits d'orage.]

L'HOMME

Le vent et la pluie ne faiblissent pas.

LA FEMME

Oui. Pourvu que le toit tienne le coup !

L'HOMME

Nous allons vraiment devoir passer la nuit ici.

LA FEMME

Oui. Pourquoi n'est tu pas retourné vivre chez-toi à Gérasa ?

L'HOMME

J'y suis retourné, après avoir été sauvé par Jésus. Mes parents étaient morts, ma femme m'a cru mort et s'est remariée avec l'un de mes amis. Ils ont eu trois enfants et ils ont pris soin des miens qui sont devenus grands pendant que j'étais loin d'eux. Mes frères m'ont dit que je n'avais plus rien à faire là-bas, qu'ils étaient heureux de me voir guéri mais que j'avais causé trop de torts à la famille.

LA FEMME

C'est terrible d'être rejeté par les siens.

L'HOMME

Oh, je ne leur en veux pas. J'avais déjà bouleversé leur vie une fois, ils ne voulaient pas prendre ce risque à nouveau. Alors, je suis parti et depuis je sillonne la Décapole. Je travaille aux champs ou j'aide les artisans. Cela fait peut-être dix ans.

LA FEMME

Et tu ne parles jamais de ce qui t'es arrivé ? A ta place, j'aurais eu envie de le crier partout !

L'HOMME

J'ai essayé mais c'est rare. On m'a traité de fou, et ils ont peut-être raison. Il faut que je me sente en confiance pour avouer ce que j'ai vécu et comment j'ai été délivré. Tu sais, j'ai un peu peur des gens quand ils sont trop nombreux et je ne veux plus qu'on me jette des pierres. Je veux garder ma vie et ma liberté.

LA FEMME

Alors, tu n'es attendu par personne, nulle part.

L'HOMME

Non. Je suis libre d'aller où je veux, quand je veux. Je n'ai plus d'attaches.

[Après un temps.]
Pourquoi est-ce que tu me regardes comme ça ?

LA FEMME

Jésus a complètement changé ta vie, comme moi. Et pourtant, nous ne l'avons vu que très peu de temps, moins d'une journée, une heure à peine. Et il nous a sauvés tous les deux.

L'HOMME

Oui. Merci à lui !

LA FEMME

Quand il m'a demandé de ne plus faire de faute, il m'a transformée. Depuis, je tente de devenir plus aimante, plus juste et ça me rend heureuse !

L'HOMME

Moi aussi, je suis heureux, et j'essaie de faire le bien autour de moi. Mais où veux-tu en venir ?

LA FEMME

Rejoins-nous ! Tu as compris maintenant que Jésus est le fils bien-aimé de Dieu. Ta place est parmi nous. Nous savons cette vérité et nous tentons de la partager !

L'HOMME

Mais pourquoi faire ?

LA FEMME

Pour attendre ensemble le retour de Jésus. Pour prier avec nous. Pour partager notre repas sacré. Et pour inviter d'autres personnes à rencontrer Jésus par sa parole, et à être sauvées, elles aussi !

L'HOMME

Comment ça, les sauver ? Mais tu m'as dit que les prêtres de votre Temple veulent vous faire taire ! Ils en ont mis certains en prison. Il y en a même un qui a été lapidé à mort Et toi-même, tu fuis cette oppression. Mais ce serait les perdre que de les convaincre de vous rejoindre !

LA FEMME

Non, ce serait les sauver de la mort ! Grâce à l'amour de Dieu, nous sommes tous invités à être relevés de la mort par Jésus et à participer à la vie qui n'aura pas de fin.

L'HOMME

Mais je ne suis pas juif.

LA FEMME

Et alors ? Est-ce que Jésus t'a demandé si tu étais circoncis avant d'expulser tes démons ? Est-ce qu'il t'a demandé si tu respectais les 613 prescriptions de notre Loi ? Non, bien sûr.

L'HOMME

Oui, c'est vrai. Il m'a pris dans ma misère, comme j'étais, et il m'a rendu à la vie.

LA FEMME

Il t'a sauvé sans rien te demander en échange. Viens avec moi à Damas. Ta place est parmi nous, les nazaréens. Qui sait ? Peut-être que les apôtres te reconnaîtront.

L'HOMME

Je ne sais pas si c'est une bonne idée. D'abord, je n'aime pas les villes. Et puis Jésus n'a pas voulu que je monte dans sa barque. D'accord, je suis fatigué de mes vagabondages en Décapole mais c'est ça qu'il m'a demandé.

LA FEMME

Sans lui, que serais-tu devenu ?

L'HOMME

Je serais sans doute mort, ou alors une espèce de fantôme nu qui hurle dans un cimetière.

LA FEMME

Alors ? Ne veux tu pas connaître d'autres personnes qui aiment et qui prient Jésus ? Tu as tant à apprendre sur lui et sur tout le bien qu'il nous a fait.

L'HOMME

J'hésite.

LE FEMME

Allez, demain, dès que cette tempête sera apaisée, partons ensemble vers Damas. Mon âne peut porter ton bagage. Qu'est-ce que tu risques à venir avec moi ? Jésus est le seul qui t'attend.

L'HOMME

Laisse-moi réfléchir cette nuit. Je te répondrai demain.

[Un bruit extérieur.]
C'est quoi ce bruit ? Il y a quelqu'un ?

SCÈNE II

L'HOMME, LA FEMME, SAUL

[Entre Saul. En le voyant, la femme adultère blêmit et prend soin de cacher son visage.]

SAUL

La paix soit sur vous ! La tempête fait rage dehors ! Pouvez-vous m'accorder l'hospitalité ?

L'HOMME

Comme toi, nous sommes des réfugiés de la tempête. Cette maison est abandonnée. Fais comme nous, entre et profite de cet abri.

SAUL

Merci ! Je pose mon bagage ici et je vais installer mon âne dans la grange que j'ai vue à côté. Je reviens vite me sécher auprès de ce feu.

L'HOMME

Vas-y, sois le bienvenu !

[Saul pose un balluchon et sort.]

SCÈNE III

L'HOMME, LA FEMME

LA FEMME

Cet homme, je le reconnais : c'est l'un des jeunes pharisiens qui s'acharne contre nous, les nazaréens. Il était dans la foule de ceux qui ont lapidé Étienne, ils nous ont souvent chassés du Temple. Il veut nous jeter en prison.

L'HOMME

En es-tu sûre ? Il n'y a pas beaucoup de lumière ...

LA FEMME

Oui, j'en suis certaine. Il ne faut pas qu'il me reconnaisse.

L'HOMME

Il t'a déjà vue avec eux ?

LA FEMME

Oui, bien sûr. J'allais souvent au Temple écouter les apôtres qui prêchaient. Parfois, lui et ses amis nous chassaient. Même si j'étais insignifiante comme une pauvre veuve, il peut très bien reconnaître mon visage. Ne me trahis pas, je t'en supplie.

L'HOMME

Je ne te trahirai pas, femme. Mais que fait-il ici ?

LA FEMME

Je ne sais pas ce qu'il fait si loin de Jérusalem. Il faut le craindre. Il est plein de haine et il est violent.

L'HOMME

Je te protégerai. Mais cet homme n'a pas ses sbires avec lui, et il a passé plus de temps avec les rouleaux de parchemin qu'à se battre dans les rues, il n'est sûrement pas capable de nous faire du mal.

LA FEMME

Puisses-tu dire vrai !

L'HOMME

Mais pour une femme qui ne craint rien, surtout pas la mort et qui voyage même seule, je te trouve bien peureuse devant cet homme.

LA FEMME

Si j'ai quitté Jérusalem, c'est à cause de lui et de sa bande. La terreur qu'ils font peser sur nous a failli nous disloquer. Beaucoup parmi les nazaréens sont partis se réfugier ailleurs.

L'HOMME

Nous verrons ...

SCÈNE IV

L'HOMME, LA FEMME, SAUL

[Entre Saul.]

SAUL

La paix soit sur vous, compagnons de rencontre ! Mon âne est au sec dans la grange, attaché, avec un peu de nourriture pour lui tenir compagnie. J'ai dû marcher depuis au moins deux heures dans la tempête et cette maison est le premier abri que j'ai trouvé. Je suis trempé jusqu'aux os !

L'HOMME

Viens te réchauffer. Tu viens du Nord ?

SAUL

Merci. Oui, je viens de Damas et je me rends à Pétra.

L'HOMME

C'est une longue route.

SAUL

Sans doute! Et toi, d'où viens-tu ?

L'HOMME

Je suis né à Gérasa en Décapole. Tu y passeras sans doute : c'est sur la route qui mène à Pétra. Et toi, qui es-tu ? Quel est ton métier ?

SAUL

A vrai dire je n'en sais plus rien. Mon nom est Saul. Je suis juif et citoyen romain. Je suis né à Tarse, en Cilicie. Il y a peu, j'étais l'un des étudiants du rabbi Gamaliel, à Jérusalem. J'étudiais tous les matins avec lui notre loi, la Tôrah. J'apprenais son texte. Je m'essayais à la commenter. À en décortiquer chaque verset pour en extraire l'enseignement le plus fécond. Y trouver une bribe de vérité divine qui se cache sous les lettres assemblées.

L'HOMME

[En aparté à la femme.]
Tu vois, je t'avais bien dit ! Il n'est pas assez costaud : il a passé sa vie à lire !

SAUL

Et puis, l'après-midi, je cousais des tentes pour un artisan, parce qu'il faut bien nourrir ce corps. Mais ce temps est révolu.

L'HOMME

Tu as changé de métier ?

SAUL

Oui. Le grand rabbi Gamaliel ne reprendra jamais son étudiant. Je ne chercherai plus la vérité sous sa direction dans des rouleaux d'Écriture. Je l'ai trouvée. Ou plutôt non, c'est la vérité qui m'a trouvé. Elle m'a même frappé.

L'HOMME

La vérité n'est pas une personne. Comment aurait-elle pu te trouver, te frapper ?

SAUL

Tu es bien curieux ...

L'HOMME

Oui je suis curieux. Mais tu parles par énigme. La tempête continue dehors. Dans une heure, il sera trop tard pour reprendre nos routes et nous passerons donc la nuit sous ce toit où la fortune nous a réunis. Tu n'es pas obligé de répondre, mais nous n'avons rien d'autre à faire pour l'instant. Et si ton histoire n'est pas plaisante à entendre, tant pis ! Tous les itinéraires ne sont pas reluisants.

SAUL

Ta femme n'a peut-être pas envie de m'écouter.

L'HOMME

Ce n'est pas ma femme, nous nous sommes rencontrés il y a peu de temps. Elle ne parle pas beaucoup. Nous allons tous les deux à Damas.

SAUL

[*À la femme.*]
C'est étrange. J'ai l'impression de te reconnaître, de t'avoir déjà vue.

LA FEMME

Je ne te connais pas.

SAUL

Si, je te reconnais. Tu fais partie des nazaréens qui vivent à Jérusalem ...

LA FEMME

Je ne sais pas de quoi tu parles.

SAUL

J'en suis sûr maintenant, je t'ai vue plusieurs fois au Temple, écouter Simon et Jean qui prêchaient.

LE FEMME

[*Elle crie.*]
Tu l'as rêvé !

[Elle quitte en hâte la scène.]

SCÈNE V
L'homme, Saul

SAUL

Elle a peur. J'ai compris pourquoi. C'est son bagage ?

L'HOMME

Oui, c'est le sien.

[Il va vers une ouverture et observe.]
Elle s'est réfugie dans la grange. J'ai l'impression qu'elle veut s'enfuir d'ici mais qu'elle ne le peut pas à cause de cette tempête. Pourquoi a-t-elle peur de toi ?

SAUL

C'est à cause de notre histoire. Connais-tu le Dieu unique d'Israël ? Il a conclu une alliance avec nous, les juifs. Parmi nos prophéties, il y a l'annonce du Messie, le sauveur d'Israël. Les juifs l'attendent et espèrent sa venue.

L'HOMME

Je connais votre religion si bizarre. Vous ne faites jamais rien comme les autres ...

SAUL

Oui. Il y a quelques années, tandis je vivais encore à Tarse chez mes parents, un rabbi a prêché un enseignement radical. Mais il s'est présenté comme le Messie. Les chefs des prêtres n'y ont pas cru. Ils ont excité la foule pour qu'elle exige des romains son exécution. Malgré sa mort, ses partisans continuent de diffuser son enseignement.

L'HOMME

C'est encore une histoire de dispute entre sectes juives. Vous autres, les juifs, vous êtes célèbres pour ne jamais être d'accord avec votre voisin sur les questions religieuses.

SAUL

C'est vrai, nous aimons plus que tout avoir raison dans ces discussions interminables et nous sommes passionnés pour tout ce qui concerne Dieu !

L'HOMME

En fait vous êtes un peuple de fous ! C'est un concours puéril : « Qui parlera le mieux de notre Dieu ? ». Quand vous vous disputez, ça peut aller jusqu'au sang ! Ici, les gens sont plus sages : ils offrent des sacrifices à leurs différents dieux et s'ils ne sont pas tout à fait pareils dans la ville d'à côté, ce n'est pas très grave.

SAUL

[Très doucement.]
Tu sais, nous autres juifs avons de la chance. Dieu qui a créé le monde nous a choisis, nous a parlé. Pourtant, nous sommes une toute petite nation parmi les autres, ni puissante ni

conquérante. Nous avons été esclaves en Égypte et à Babylone et c'est lui qui nous a libérés. Et même quand nous ne sommes pas fidèles à son alliance, il nous pardonne et il nous sauve. Nous sommes son peuple à lui.

L'HOMME

Le peuple élu de Dieu ! Rien que ça ! Tu sais ce que l'on dit de vos prétentions en Décapole, en Nabatène, en Syrie ... J'ai même entendu un égyptien qui en rigolait une fois !

SAUL

Oui, je sais. Ailleurs, personne ne nous prend au sérieux. Et pourtant, c'est notre petit peuple qui a appris aux cananéens et à toutes les nations autour de nous, à ne plus sacrifier le premier garçon de chaque famille à des idoles de pierre ou de bois. Tout ça grâce à la main d'un ange qui arrête celle de notre père Abraham !

L'HOMME

Les sacrifices d'enfants innocents mais ça ne se fait plus depuis longtemps !

SAUL

C'est grâce à nous les juifs que les païens ont abandonné cette abomination.

L'HOMME

Alors merci au peuple élu de son Dieu !

SAUL

Oui, merci à lui ! Mais je n'ai pas fini mon histoire. Les disciples de ce rabbi ont prêché son enseignement après sa mort. De nombreux juifs se sont convertis à son message. Tous les gens du Temple ont eu peur de nouveau et ils ont cherché à les faire taire. Moi-même, pharisien à l'orthodoxie prétentieuse, je les ai harcelés avec ma bande d'amis quand ils venaient au Temple pour tenter d'y convertir des juifs.

L'HOMME

Encore vos sectes !

SAUL

Oui. Et puis un jour, l'un d'entre eux a parlé à la foule qui l'a emmené devant les prêtres et les anciens. Nous étions tous subjugués par son discours... Et nous sommes tous devenus fous et nous l'avons lapidé pour ses blasphèmes !

L'HOMME

Et tu as participé à cette tuerie ?

SAUL

Je n'ai pas jeté de pierre, je n'en ai pas le droit suivant la Loi. Mais j'ai gardé les vêtements de ceux qui l'ont lapidé. Je me réjouissais à chaque pierre qui venait le frapper et j'étais persuadé que Dieu nous en était reconnaissant : nous étions en train de purifier son peuple, nous accomplissions sa volonté !

L'HOMME

Le pauvre homme ! Quelle terrible façon de mourir ... Et je te plains aussi.

SAUL

Oui, je me suis réjoui du sang qui coulait de ses plaies, de cette vie qui le quittait, pierre après pierre. Je pensais : c'est un blasphémateur ! Il l'a bien mérité ! Il détourne Israël de notre Dieu ! Il a accusé notre peuple de tuer ses prophètes.

L'HOMME

Et c'est vrai ?

SAUL

Oui. En dix ans, trois ont été tués. Le premier, décapité ; le deuxième, crucifié et le troisième, lapidé.

L'HOMME

Cela fait beaucoup de prophètes morts. Quand je te dis que vous êtes fous ! Aller jusqu'à vous entre-tuer entre juifs !

SAUL

Après, mes amis et moi, nous avons tenté de disperser la bande de ce rabbi. Notre meute en a rossés quelques-uns, mis d'autres en prison. Ils ont pris peur. Ils se sont cachés, ils ont fui Jérusalem, ils sont partis en Galilée ou ailleurs.

L'HOMME

La fin de la secte ...

SAUL

C'est ce que nous voulions mais pas seulement à Jérusalem. Il fallait que les synagogues des villes étrangères interdisent à cette secte de proliférer dans leur ombre. Alors, nous avons obtenu des prêtres du Temple des lettres de créances. Moi, je devais aller à Damas et les ramener à Jérusalem, tous, enchaînés comme des bandits, pour qu'ils soient jugés. J'y suis parti. Et sur le chemin de Damas, j'ai fait une rencontre... extraordinaire... incroyable.

[Un long silence – Saul est pensif, ému.]

L'HOMME

Qui as-tu rencontré ? Tu me fais languir.

SAUL

Alors que nous étions sur le chemin, j'ai été aveuglé par une grande lumière et je suis tombé de ma monture. Puis j'ai entendu une voix qui m'a crié [1] « Saul ! Saul ! Pourquoi me persécutes-tu ? » Je ne voyais plus rien, je ne comprenais rien, j'avais mal à cause de ma chute et surtout j'avais peur. Très peur. J'ai crié « Qui es-tu seigneur ? » Et alors la voix m'a répondu « Je suis Jésus que tu persécutes. »

L'HOMME

Jésus ? C'est le même que ce galiléen dont elle m'a parlé ?

SAUL

Oui, Jésus, c'est le nom de ce rabbi galiléen, l'inspirateur de la secte des nazaréens. J'ai su et j'ai compris que Jésus n'était pas

---

[1]   À la création, Julien Tanguy a interprété en voix hors champ les paroles de Jésus « Saul, Saul, pourquoi me persécutes-tu ? » et « Je suis Jésus que tu persécutes ».

seulement un homme, mais qu'il était Dieu lui-même, qu'il était devenu un homme comme nous pour nous sauver, tous ! J'ai compris qu'il avait accepté de souffrir, de se laisser clouer sur la croix et de mourir pour effacer nos fautes. Et j'ai compris qu'il était vivant, et surtout qu'il m'aimait, moi, Saul, le plus enragés des persécuteurs des nazaréens. J'ai compris ...

L'HOMME

D'accord, tu as compris mais qu'as tu fait ?

SAUL

J'avais mal partout à cause de ma chute. J'étais aveugle, allongé sur les cailloux de la route, incapable de me relever. Je ne pouvais plus parler. Tout semblait au-dessus de mes forces. Je ne comprenais pas ce que me disaient mes compagnons de route. Mais je n'avais plus peur et j'étais heureux, je suis heureux d'être aimé par mon Dieu. Je jubilais, sans pouvoir le dire, de sentir tout son amour infuser en moi, prendre possession de mon esprit, de mon cœur, de mon âme et d'en chasser la haine. Depuis cet instant, j'appartiens à Jésus.

L'HOMME

C'est étrange.

SAUL

J'ai demandé ce qu'il me fallait faire. Sa voix m'a dit d'aller à Damas et d'y attendre. Mes compagnons de route m'ont aidé à terminer ce voyage. L'un d'entre eux a bien voulu me prendre chez lui et il a fait venir un médecin pour mes yeux. Il n'a rien pu faire.

L'HOMME

Pourtant tu peux voir.

SAUL

Oui. A Damas, un juif nommé Ananie est venu me trouver. C'est le chef des nazaréens de la ville. Il m'a imposé les mains et j'ai été rempli de l'Esprit-Saint. J'ai alors retrouvé la vue. Je l'ai suivi chez lui. Il a pris soin de moi, de mon corps, et plus encore de mon âme. Il m'a instruit, il m'a fait lire un rouleau sur la vie de Jésus, écrit par Jean, un jeune disciple, un lettré. Je l'ai appris par cœur.

L'HOMME

Par cœur ?

SAUL

Oui. Tu sais, comme élève de rabbi Gamaliel, j'ai appris la Torah en entier. Les jeunes lettrés juifs de mon âge apprennent vite les textes importants. Voilà l'histoire. Tu comprends maintenant pourquoi cette femme a peur de moi. Elle est nazaréenne. J'ai été l'un des bourreaux des nazaréens et elle ne sait rien de ma rencontre avec Jésus. Il faut qu'elle sache que j'ai changé et qu'elle n'a plus rien à craindre de moi.

L'HOMME

Pourquoi ne sait-elle pas ton aventure ?

SAUL

C'est très récent. Peux-tu s'il te plaît aller la voir et lui demander de revenir ? La grange est moins confortable que cette pièce : qu'elle vienne se réchauffer. Et puis, je voudrais lui parler. Pas lui faire du mal. Juste lui parler avec douceur et humilité. Si j'y vais, elle aura peut-être encore plus peur.

L'HOMME

J'y vais.

SAUL

Merci !

[Exit L'homme.]

SCÈNE VI
SAUL

SAUL

[Saul peut revêtir un talith pour cette scène.]
Mon Dieu ! Tu m'as fait goûter à ton amour infini sur le chemin de Damas. Donne moi de ne plus jamais être dans une foule qui tue l'un de mes frères, mais d'entrer dans celle qui te loue sur cette Terre et à jamais, celle qui t'aime, et où chacun aime son frère, suivant les commandements de Jésus, ton fils, ton Messie. Et ouvre moi le chemin vers le pardon. Pitié pour moi, mon Dieu, dans ton amour, selon ta grande miséricorde, efface mon péché. Lave moi tout entier de ma faute, purifie-moi de mon offense.

[Noir & rideau, Entracte.]

Acte II

Scène I

L'HOMME, SAUL

[Lumière. Saul est en scène. L'homme entre.]

L'HOMME

Elle ne veut pas revenir. Elle s'est installée et elle prie. Je lui ai raconté ton histoire, je lui ai dit que tu avais rejoint les nazaréens.

SAUL

J'espère qu'elle va vite changer d'avis. Merci d'être allé lui parler. Tout à l'heure, nous irons ensemble, et je lui dirai d'aller dormir dans la maison tandis que je me reposerai dans cette grange. Mais la tempête continue, et nous serions tous mieux protégés ici. Et toi, quelle est ta vie ? Tu n'as presque rien dit de toi ... alors que tu sais tout de moi, désormais.

L'HOMME

Oh, il n'y a pas grand-chose à dire, tu sais. Je vais par les chemins de Décapole, de village en village. Je cherche de l'embauche comme journalier, au gré des saisons : tondre les moutons, semer, moissonner, tailler les haies, bâtir ou réparer les murs et les terrasses. Quand je ne trouve pas de travail, je mendie. A la saison froide, j'essaie de me fixer chez un artisan qui me prête une soupente pour la nuit. L'hiver dernier, je travaillais pour un forgeron, il m'a appris les rudiments de son métier. Et l'année d'avant, j'étais avec un charpentier près du lac de Génésareth. J'ai aidé des pêcheurs à construire ou à réparer leurs barques. Ils m'ont même fait repriser leurs filets. Tu vois, je n'ai pas vraiment de métier mais je suis robuste, habile, j'apprends vite avec mes dix doigts. Et quand j'ai envie de changer de lieu, je prends mon balluchon, les quelques piécettes que j'ai gagnées et je vais ailleurs.

SAUL

Tu vas dans des villes, parfois ?

L'HOMME

Ah non ! Je n'aime pas les villes, je les traverse le plus vite possible. Elles sont sales et violentes. Les misérables qui y survivent te font vite comprendre que tu n'y es pas le bienvenu. Et les patrons profitent du grand nombre de pauvres pour mal payer le travail. Et les commerçants vendent trop cher ce qu'il te faut pour vivre. Les villes rendent les gens méchants et égoïstes. Elles sont à fuir !

SAUL

Moi, je n'ai jamais vécu dans un village. Tarse, Jérusalem, Damas : ce sont de grandes cités. Comment est Gérasa ?

L'HOMME

Toute petite. Rien à voir avec Damas.

SAUL

Parfois je me dis que je devrais m'installer dans un village, ne pas retourner dans une ville. Y apprendre un métier ... M'y cacher pour prier ...

L'HOMME

Qu'est-ce que tu vas faire à Pétra ?

SAUL

Rien. Je ne sais pas. Je n'ai rien d'autre à y faire qu'à m'y cacher. Honteusement. Les prêtres et les anciens d'Israël m'avaient donné pour mission d'aller à Damas pour que les juifs de la ville chassent les nazaréens et les empêchent de diffuser leur doctrine. Ils sont furieux que je j'aie prêché au nom de Jésus. À leurs yeux, je suis devenu un traître et ils veulent se venger.

L'HOMME

Il faut les comprendre. Tu as trahi leur confiance.

SAUL

Les nazaréens ont un ami qui joue le rôle d'espion au Sanhédrin.

L'HOMME

C'est quoi, ça ?

SAUL

C'est notre grand tribunal religieux à Jérusalem. Il a fait savoir à Ananie qu'ils me cherchent. Je ne suis plus en sécurité ni à Damas, ni à Antioche, ni à Tarse, et encore moins à Jérusalem. Alors, il m'a demandé de partir, de me faire oublier ailleurs. Je vais donc à Pétra, en Arabie. Il me préviendra quand je pourrai revenir à Damas. Est-ce que tu connais Pétra ?

L'HOMME

Non, vers le sud, je ne suis pas allé au-delà de Philadelphe. Mais Pétra, c'est à la porte du désert, perdu dans un défilé profond. Il paraît même que des pillards font des raids pour y chercher leur butin. Je te souhaite bien du plaisir !

SAUL

Il me faudra juste un gagne-pain pour vivre. Ananie a pu me donner quelques noms de personnes qui pourraient m'aider à trouver ce travail et un logis. Oh, je mange de façon frugale et je n'ai pas l'habitude de vivre dans le luxe. Et surtout je veux pouvoir réfléchir. Avant, je ne connaissais Jésus que par ce qu'en disaient les gens du Temple ou rabbi Gamaliel. Mais, dans le rouleau de Jean, j'ai lu l'histoire de Jésus et ses enseignements. J'ai compris combien l'amour est plus important que la loi. J'ai appris ce rouleau par cœur.

L'HOMME

Et le portrait que les gens du Temple font de Jésus est-il si différent ?

SAUL

Rien de comparable ! Pour eux, c'était un blasphémateur et un séditieux. Il séduisait le peuple pour le mener à sa perte, le faire écraser par les romains. Pire, il se disait fils de Dieu, le comble du blasphème ! Tu sais, un de nos prophètes, Isaïe, avait annoncé la venue d'un Messie. Ils ont refusé d'admettre que c'est lui. Ils ont eu peur de perdre leur pouvoir sur le peuple, à cause de ses prédications et de ses prodiges. Alors, ils en ont fait un hérétique : il fallait qu'il soit coupable pour être mis à mort mais il est innocent.

L'HOMME

Et les romains se sont laissé berner ?

SAUL

Oui. La garnison n'est pas très importante à Jérusalem, même quand la ville déborde de pèlerins ! Pilate, le procurateur a dû se dire que la foule pouvait être dangereuse pour l'ordre romain, surtout au moment de la fête de la Pâque. Alors, pour éviter une émeute, sacrifier la vie d'un pauvre bougre, c'est un bon calcul !

L'HOMME

Mais c'est ignoble !

SAUL

Oui. Pourtant, il a tenté de sauver Jésus de la mort. Qu'elle est hideuse la foule qui veut la mort d'un homme. Quand tous, nous nous dressons contre un seul ! Étienne nous a pardonné, comme Jésus l'avait fait auparavant. Ils ont répondu par de l'amour à cette haine. Comment ont-ils fait ?

L'HOMME

Comment les prêtres ont-ils obtenu des romains la condamnation de Jésus ? S'il avait de l'influence, il aurait pu retourner le peuple contre eux.

SAUL

Ils ont payé des faux témoins et des agitateurs. Oui, avant d'être mis à mort, Jésus était bien vu du peuple. Il faisait des miracles ! Mais rien n'est plus versatile qu'une foule. Elle est là, agitée, chacun l'un contre un autre. Puis, une proie unique est désignée et plus rien ne l'arrête. Tous contre un seul ! Je l'ai vécu de trop près avec Étienne pour ne pas le savoir, pour ne pas le comprendre, même si cela me fait honte.

L'HOMME

Et tu vas leur parler de Jésus, à Pétra ?

SAUL

Non, hélas. Ananie veut que je reste vivant. Alors je serai discret, le temps que ça durera. Je vais en profiter pour réfléchir. Il y a tant de ponts à bâtir entre les Écritures et la vie de Jésus. Je connais la Loi et les prophètes, et je connais maintenant la vie de Jésus, la vraie, celle qui a été écrite dans le rouleau de Jean. Et puis, Ananie m'a parlé d'autres enseignements, d'autres faits que Jean n'a pas notés. Mes frères juifs ont le droit d'être sauvés, mais pour ça, il faut qu'ils reçoivent le bon message : Jésus accomplit la Loi. Et puis, il y a les autres, les gentils, les peuples païens. Le salut est aussi pour eux.

L'HOMME

Ah bon ? Les juifs ne gardent plus leur Dieu pour eux-seuls ?

SAUL

Non, c'est fini. Mais ils ne le savent pas encore ! Il faut que les nazaréens et tout mon peuple Israël le comprennent. Les prophètes l'ont pourtant déjà annoncé. Daniel, par exemple. Ou Jonas. Tiens, Jésus a même dit que le signe de Jonas serait donné à cette génération. Est-ce que tu connais Jonas ?

L'HOMME

Non. Je ne connais pas toutes vos histoires.

SAUL

Jonas, c'est l'un de nos prophètes. Son livre ressemble à une fable. Un jour, Dieu l'appelle et lui ordonne d'aller à Ninive, la grande ville païenne. Mais Jonas ne veut pas, alors il embarque sur la mer. Survient une tempête terrifiante, un peu comme celle-ci. Il avoue aux marins qu'il fuit pour ne pas obéir à Dieu. Pour sauver le bateau, les marins le jettent à l'eau et il est gobé par un énorme poisson. Il se lamente trois jours dans son ventre et puis il est rejeté sur le rivage. Alors, il se résigne : il obéit enfin à Dieu et il va à Ninive et il proclame haut et fort : « Dans quarante jours, Ninive sera détruite ! ». Les habitants se convertissent. Même leur roi décide de rejeter sa conduite. Il jeûne. Il se vêt de sacs. Il descend de son trône et s'assoit sur la cendre. Puis, il ordonne à tous ses sujets de faire de même. Alors Dieu renonce à détruire la ville.

L'HOMME

Et en quoi Jésus est-il concerné par ce conte pour enfant ?

SAUL

D'abord, comme Jonas passe trois jours dans le ventre du poisson, Jésus passe trois jours dans son tombeau. Mais Dieu sauve aussi Ninive, la grande ville païenne où personne ne respecte la Loi de Moïse. Jésus sauve tous les hommes, juifs ou gentils. Tiens, toi qui n'es pas un fils d'Israël, tu peux être sauvé !

L'HOMME

Moi ? Qu'est-ce qu'il faudrait que je fasse ?

SAUL

Que tu sois certain que Jésus est le fils de Dieu l'unique. Qu'il a pris notre chair pour mourir sur la croix en portant nos péchés. Qu'il s'est relevé de la mort pour nous sauver. Que tu renonces aux idoles et aux faux dieux. Que tu fasses le bien, même à tes ennemis. Et puis, qu'un nazaréen te baptise.

L'HOMME

Comment ça, me baptise ?

SAUL

C'est une sorte de bain rituel, un peu comme les purifications que nous pratiquons, nous autres juifs, mais c'est un bain qui purifie l'âme et non le corps.

SCÈNE II

L'HOMME, LA FEMME, SAUL

[La femme entre, en colère.]

LA FEMME

Comment est-ce que tu as pu oublier, Saul de Tarse ? Toi qui as passé ta jeunesse à étudier la Loi ! Dans le Décalogue, il y a « Tu ne tueras point », mais pour Étienne, comme c'était un mauvais juif, alors on pouvait quand même le tuer ? Et quand la Loi de Moïse t'ordonne « d'aimer ton prochain comme toi-même », toi tu encourages ceux qui lancent des pierres sur Étienne. Mais le pauvre Étienne, c'était ton frère. Il était comme toi, ardent, épris de Dieu. Et lui, il avait compris que Jésus est le Messie. Toi, tu es comme Caïn. C'est ton frère que tu as tué, Saul.

SAUL

[Très calme.]
Oui, tu as raison. Je ne savais pas encore que Jésus est le Messie, le fils bien-aimé de Dieu. Et oui, Étienne était mon frère, mon double. Mon pareil et mon rival. Et même si je n'ai pas lancé de pierre, son sang est sur mes mains. Tu as raison. Je porterai le poids de ce crime jusqu'à la fin de mes jours.

LA FEMME

Et tu restes là, calme, comme si rien ne s'était passé. Mais tes cris lorsque tu encourageais les furieux qui ont tué Étienne, ils résonnent encore dans ma tête !

SAUL

Je ne peux pas défaire tout le mal que j'ai fait. Contre Étienne, contre toi et contre tous les nazaréens. Nous sommes tous pareils, des pécheurs mais mon péché est plus grand que le tien. Que je regrette aujourd'hui mon crime ne ramènera pas Étienne à la vie.

LE FEMME

C'est si simple ! Ponce Pilate aussi s'est lavé les mains après avoir condamné Jésus.

SAUL

Sa faute est sans doute moins grande que la mienne, il n'est pas un fils d'Israël.

LA FEMME

C'est trop facile de dire que c'est fait et que rien ne pourra changer.

SAUL

Souhaites-tu m'égorger pour me faire expier mon crime et ma violence passée ? Je ne lèverai pas la main pour me défendre. Oh, je ne suis pas la bête sans tache que l'on sacrifie à Dieu, mon péché est là. Mais si tu penses que je te menace ou que je menace encore les nazaréens, si tu crois que ce serait une œuvre de justice, alors prends ce couteau. Sois mon juge et mon bourreau.

[Il lui tend un couteau par la lame.]

LA FEMME

[Elle refuse de prendre ce couteau.]
Non ! Il y a eu trop de sang, trop de coups, trop de violence.

SAUL

Oui. Beaucoup trop.

LA FEMME

Et puis Jésus ne m'a pas sauvée pour que je condamne ou que j'exécute quelqu'un. C'est lui le seul juge.

L'HOMME

Rentre ce couteau.

LA FEMME

Je t'ai menti, Saul. Je t'ai reconnu dès que tu as passé la porte et j'ai eu peur. Il a fallu que je croise notre persécuteur ! Et toi aussi tu m'as reconnue du premier coup d'œil.

SAUL

Je sais. J'étais certain de t'avoir remarquée dans le Temple, et de t'avoir reconnue ici. Mais maintenant, il faut que je te demande pardon. Je t'en prie, sœur d'Israël et sœur dans cette certitude que Jésus est le Messie de Dieu, accorde-moi ton pardon pour tout le mal que je t'ai fait subir à Jérusalem.

LA FEMME

Je ne sais pas que penser de ta conversion, Saul. Tu es très intelligent, tu parles bien et tu sembles sincère. Et je sais bien que Jésus est capable du miracle que tu as raconté à cet homme et qu'il m'a répété. T'ôter la vue, te la rendre, quoi de plus simple pour lui qui s'est relevé de la tombe ?

SAUL

Il est le maître de la Création.

LA FEMME

Mais les pharisiens ont tant raconté de fables à propos de Jésus et des nôtres ! Peut-être que tu es comme le serpent, à ruser et à tromper pour mieux nous connaître et mieux nous écraser, comme on écraserait un scorpion ?

SAUL

On ne prouve pas son innocence, mais je t'ai dit la vérité.

LA FEMME

Je ne sais pas, Saul. Je souhaitais me dissimuler mais ce n'est pas possible. Et ce n'est pas ce que Jésus aurait souhaité. Alors, oui, je suis l'une de tes proies, l'une de celles que tu as chassées du Temple avec ta meute de fauves. Quoi que tu fasses, je n'ai plus peur de ce qui adviendra. Jésus et l'Esprit qu'il nous a donné m'aideront. Ma vie leur appartient déjà.

SAUL

Ma vie appartient à Dieu aussi et je n'ai plus de proie. Et je n'ai jamais cessé d'être sincère, même quand mes comparses ont lapidé Étienne. Je pensais vraiment accomplir la volonté de Dieu. Je voulais restaurer la pureté de la foi d'Israël. Pour nous, Étienne, c'était un apostat, un renégat, comme Jésus. Il était coupable de détourner Israël vers une nouvelle idole, un faux Messie.

LA FEMME

J'ai déjà entendu ce refrain.

SAUL

Bien sûr. J'ai écouté ce que disait Étienne avant d'être mis à mort. Il était éloquent, il était inspiré, mais je pensais que c'était le Satan qui l'inspirait. Idiot que j'étais, c'est le Satan lui-même qui me soufflait sans relâche dans les oreilles « c'est un blasphémateur ! ».

LA FEMME

C'était l'Esprit qui inspirait Étienne.

SAUL

Maintenant je le sais. Et oui, tu as raison, Étienne était mon frère, sincère et zélé dans l'amour de Dieu. Sauf que lui avait reconnu le Messie. Moi, je l'attendais encore, sans savoir qu'il viendrait bientôt me mettre en face de mes erreurs, de mes fautes, de mon crime.

LA FEMME

Et il l'a payé de sa vie !

SAUL

Je n'ai jamais vu Jésus, je n'étais même pas encore à Jérusalem quand il est mort. Oh, j'aurais sans doute été parmi la foule qui hurlait à Pilate de le crucifier. Comme le bon pharisien que j'étais, imbu de sa connaissance de la Loi et fier de son observance de tous les jours, amoureux des détails et aveugle à la vérité. Comme presque tous les habitants de Jérusalem.

LA FEMME

Un bon fils d'Israël qui renie et exécute ses prophètes ! Mais je les ai vues, moi, les faces épouvantables de ceux qui crispent leurs mains sur les pierres et attendent impatiemment de pouvoir les lancer. J'ai croisé leurs regards assoiffés de sang. Je sais de quoi tu parles.

SAUL

Oui, sœur. J'ai été cet homme-là. Mais Jésus est venu me chercher. Ananie m'a fait lire le rouleau de Jean. Je sais désormais que Jésus est Dieu fait homme, le Messie qui nous sauve.

LA FEMME

Puisque tu as lu le rouleau de Jean, il raconte comment Jésus m'a sauvée de la mort, quand j'ai été surprise avec un autre homme que mon mari.

SAUL

Je ne savais pas que tu étais cette femme-là. Oh, je connaissais ton histoire avant de la lire dans le rouleau de Jean. Rabbi Gamaliel en parlait parfois avec ses étudiants ou ses amis. Et d'ailleurs, il louait l'habileté avec laquelle Jésus vous avait tirés tous les deux de ce piège.

LA FEMME

J'ai vu les mêmes regards que ceux que vous adressiez à Étienne avant de le lapider. Mes accusateurs se sentaient tous plus justes que Dieu lui-même. Pour moi, ils avaient raison car j'avais commis une faute.

SAUL

Presque chaque homme se croit l'étalon de la justice pour les autres, mais s'aveugle sur ses propres fautes.

L'HOMME

C'est vrai, c'est toujours l'autre qui commet l'injustice !

LA FEMME

Mais j'ai décelé aussi leur jalousie. Ils regardaient Jésus avec haine et envie parce qu'ils savaient que cet adversaire était redoutable, et ils me regardaient avec jalousie parce que j'avais osé prendre une liberté que la Loi ne me donnait pas et qu'eux-mêmes n'osaient pas prendre.

SAUL

Jalousie, envie ? Peut-être. Sans doute, même. Tu as raison, sœur. Face à Étienne, nous étions tous envieux de son éloquence, de son courage aussi. Comme Daniel, il était tout seul au milieu des lions. Mais ce que disait Étienne, nous ne pouvions pas l'entendre. Et pourtant, il avait raison. Faire couler le sang de nos prophètes, c'est le triste destin de notre peuple ... Mais as tu revu Jésus après qu'il t'ait sauvée ?

LA FEMME

Hélas, non. Je ne l'ai connu que le temps de notre rencontre. Après, mon mari a bien voulu me pardonner, me garder auprès de lui. Je n'ai rejoint les nazaréens qu'après sa mort, quand les fils de son premier mariage m'ont chassé de chez nous, sans me rendre ma dot.

SAUL

Et tu as quitté Jérusalem pour Damas ?

LA FEMME

Oui. Le message de Jésus ne doit pas se perdre. Il nous faut continuer même si nous sommes très fragiles. Tu le sais mieux que nous, les prêtres et les pharisiens ne veulent pas admettre que Jésus soit le Messie, le fils de Dieu. Ils ne veulent pas que des juifs le reconnaissent comme tel. Si nous restions tous à Jérusalem, nous pourrions perdre ce trésor et il nous a dit de le porter au monde entier quand il a rejoint son Père.

SAUL

Ce message ne se perdra pas. Nous y veillerons. Et que feras-tu à Damas ?

LA FEMME

Je ne sais pas. Je dois me mettre au service des frères nazaréens de Damas. J'irai voir un certain Ananie. Nous sommes tous au service de tous et c'est très bien ainsi. Mais notre compagnon va peut-être venir avec moi.

SAUL

C'est mieux pour ta sécurité. Je te donnerai une lettre pour Ananie. C'est un homme bon et sage. L'Esprit lui parle, et lui, il l'écoute.

L'HOMME

Je dois t'avouer quelque chose, Saul. Moi aussi, j'ai rencontré Jésus.

SAUL

Vraiment ?

L'HOMME

Oh, une fois. A cette époque, j'étais fou. Je vivais comme un déchet dans un cimetière, possédé par une multitude de démons. Jésus m'en a délivré en les chassant dans un troupeau de porcs. Je lui dois d'être encore en vie, libre et guéri aujourd'hui. Et comme cet Étienne, j'ai connu les meutes de gens qui voulaient me tuer et qui me jetaient des pierres ou qui voulaient me précipiter en bas d'une falaise.

SAUL

Je vois que tous les trois, nous avons déjà été sauvés par Jésus. Comme il est heureux de rencontrer des personnes qui l'ont croisé, qui l'ont connu !

L'HOMME

Pour moi, c'est la première fois depuis des années, et j'en rencontre deux en même temps !

SAUL

J'espère que ce n'est pas la dernière. Va à Damas, accompagne notre sœur, rencontre Ananie. Il saura te parler de Jésus.

L'HOMME

Oui, j'irai à Damas. Je verrai Ananie. Au fond, ça n'avait pas de sens de tourner en rond en Décapole sans vraiment témoigner de ce qui m'était arrivé. Pourtant, Jésus me l'avait demandé mais je n'avais pas confiance. Je crois que c'est l'Esprit dont tu parles qui me chuchote d'y aller. Cette voix intérieure qui tantôt nous souffle des folies mais d'autres fois des choses sages.

SAUL

C'est une folie de dire aux juifs et aux païens que Jésus est le fils de Dieu. Folie encore qu'il ait pris notre chair d'homme mortel. Folie toujours qu'il se soit laissé crucifier en portant le poids de nos péchés sur sa croix. Folie enfin que Dieu l'ait relevé de la mort pour nous sauver. Oui, folie de Dieu que tout ça. Qui voudrait d'un sauveur qui a subi la mort des esclaves en fuite ? Nous sommes fous de croire et de proclamer cette folie. Mais c'est cette folie qui nous sauve !

LA FEMME

Oui, elle sauve, cette folie !

SAUL

Le monde ne voit que la violence, les sacrifices et les holocaustes. Pire, il les veut, sans comprendre que toutes ces violences engendrent encore plus de violence, que la mort appelle la mort, que les faux dieux et leurs mensonges naissent de cette violence. Le Satan est bien le maître de ce monde et, demain encore, il fera chuter des hommes et des royaumes. Mais il a perdu et Jésus a gagné contre la mort !

L'HOMME

Mais le monde ne le sait pas !

SAUL

Pas encore ! Demande à Ananie et à notre sœur de t'apprendre ce que tu ignores de la vie de Jésus. Après, quand tu sauras, tu pourras choisir que faire pour lui et comment. Tu n'auras qu'à écouter l'Esprit et il te guidera ! Comme notre sœur à qui il a dit de cesser de se dissimuler, de prendre confiance.

LA FEMME

Comment le sais-tu ?

SAUL

Ta peur était palpable quand je suis entré ici. Oh, je ne te reproche rien ! Je t'ai fait assez de mal ainsi qu'à tes amis pour que tu te méfies. Moi-même, je vis désormais sous cette menace de voir nos adversaires me rosser, me capturer, me livrer au Sanhédrin, sans doute pour me tuer. Cela arrivera un jour, et j'espère que, comme Étienne, je serai capable d'écouter l'Esprit et d'endurer les coups, les supplices et même ma mort en leur pardonnant et en témoignant de Jésus.

LA FEMME

Est-ce que tu sais comment tu vas mourir ?

SAUL

Je le sais. Ananie a reçu un songe, avant de venir me trouver à Damas. L'Esprit lui a fait savoir qu'il m'en dirait beaucoup sur mon avenir. Quand il m'a imposé les mains, j'ai vu clairement ce qui m'arriverait. J'irai porter la parole de Jésus aux fils d'Israël et aux gentils. J'ai vu en un instant les routes, les bateaux, les amitiés, les prédications, les conversions, les baptêmes, les chutes, les controverses et les insultes de la part des juifs, des grecs, des romains et des autres. J'ai vu la violence des foules qui refusent la vérité. Je prendrai des coups à cause de la parole de Jésus, le Messie de Dieu. Un jour même, j'y trouverai la mort, une mort décidée par des puissants, une exécution par des soldats. Elle ne me fait pas peur, j'ai déjà cru mourir sur le chemin de Damas.

LA FEMME

Mais tu t'en vas à Pétra. Tu fuis ?

SAUL

En quelque sorte. Dieu a un dessein pour moi, il veut se servir de moi pour porter sa bonne nouvelle au monde. Je dois échapper à la vengeance des gens du temple et il faut aussi qu'Ananie explique ma situation aux apôtres. Alors oui, je fuis et je vais me cacher, pour l'instant.

LA FEMME

Et sais-tu voir l'avenir pour les autres ?

SAUL

Non, je ne le sais pas. L'Esprit ne me l'a pas révélé. Mais je sais le déduire, en partie. La haine que suscite la proclamation de la parole de Jésus fera couler beaucoup de sang parmi nous. Un grand nombre perdront la vie en témoignage, comme Étienne. Des foules jubileront de nous voir mourir plutôt que de renier Jésus, le Messie de Dieu.

LA FEMME

Cela n'arrêtera jamais ?

SAUL

Dans ces foules, certains finiront par comprendre que seule la vérité proclamée par Jésus peut nous donner la force de souffrir ce que nous subirons. Alors, quelques-uns se convertiront. Ils vivront d'abord en cachette. Puis ils seront de plus en plus nombreux, jusqu'à devenir la foule. Celle qui refusera de tuer l'agneau innocent.

L'HOMME

Quand cela viendra-t-il ?

SAUL

Je n'en sais rien. Le chemin sera long. Et puis, il y aura des trahisons. Quelques uns travestiront la Bonne Nouvelle et tenteront d'en tirer du pouvoir ou du profit.

LA FEMME

Des faux prophètes !

SAUL

Oui. Peut-être même que certains seront sincères et seront persuadés d'être inspirés par l'Esprit Saint. Des brebis égarées suivront ces faux pasteurs. Que Dieu leur pardonne ! Mais des foules croiront en la Bonne Nouvelle.

LA FEMME

Que vienne ce jour !

L'HOMME

Oui, qu'il vienne.

SAUL

Amen ! Je ne sais pas ce qu'il adviendra de vous deux, si vous vivrez vieux et paisibles ou si vous serez les victimes de ceux qui refusent la vérité et le salut. Mais soyez fidèles à celui qui vous a déjà sauvés. Aimez-le. Et aimez vos frères et vos sœurs. Juifs ou gentils. Convertis ou non. Indifférents ou hostiles. Et aimez-vous vous-mêmes.

LA FEMME

Saul, je ne peux parler que pour moi, et non pas pour mes frères ni mes sœurs. Je te pardonne pour le mal que tu m'as fait à Jérusalem. C'est ce que Jésus aurait voulu que je fasse, c'est ce qu'Étienne a fait en mourant. Désormais je te fais confiance.

SAUL

Merci, ma sœur, merci. Tu es la première de Jérusalem à qui je demande pardon et tu es la première à me l'accorder. Qu'il est bon de se sentir un tout petit peu guéri du mal que l'on a fait et qui nous colle à la conscience ! Puissent tous tes frères me pardonner comme tu l'as fait. Cela n'allégera pas le poids de ma faute. Étienne nous manquera toujours.

LA FEMME

Pardonner libère aussi celui qui pardonne. Je n'en veux plus à ceux qui voulaient me lapider. J'ai compris qu'eux aussi étaient des pécheurs, honteux, tout comme moi. J'ai réussi à pardonner aux fils de mon époux. Je les remercie même, ils m'ont précipitée vers les nazaréens et je suis heureuse aujourd'hui de me sentir sauvée. Les fautes des autres que l'on n'a pas encore pardonnées pèsent sur nos consciences.

[L'orage s'est apaisé. L'homme s'est levé et est allé à une fenêtre pour observer l'extérieur. Il revient.]

L'HOMME

L'orage s'est calmé, nous aurons une nuit tranquille. Il est temps de prendre du repos, demain nous aurons de la route et de la fatigue. C'est une belle journée qui s'achève pour moi. Grâce à notre rencontre, je retrouve une envie de vivre pour me mettre au service de Jésus. J'ai encore tant à apprendre, tant à faire !

LA FEMME

Merci à toi qui accepte d'être mon compagnon de voyage.

SAUL

Oui, il est temps de se reposer, de dormir. Je vais juste écrire cette lettre pour Ananie que je vous confierai. Merci à Dieu d'avoir organisé cette rencontre, de nous avoir permis de faire tomber nos masques. Merci pour ton pardon, sœur ! Et que Jésus, le Messie de Dieu, nous garde toujours dans son amour, cette nuit, et demain, et jusqu'à notre mort, et dans la vie qui suivra auprès de lui.

L'HOMME ET LA FEMME, ENSEMBLE

Amen !

[L'homme et la femme s'installent chacun de leur côté pour la nuit. Saul sort une tablette et un stylet. Il réfléchit et se met à écrire, lentement. Puis noir & rideau.]

Remerciements

Il y a bien sûr Marie-Laure qui supporte mes lubies. Et tous ceux, trop nombreux pour les nommer, qui m'ont éduqué et fait grandir dans la Foi. Sans oublier non plus Monsieur Maurice Courtois (†) qui m'a transmis le virus du théâtre.

Il convient de continuer par les premiers lecteurs, ceux qui ont vu les plus gros défauts de cette pièce quand elle n'était encore qu'à l'état d'ébauche. Ils ont su me prodiguer avec générosité et amitié les conseils, les corrections, les suggestions et divers coups de pouce nécessaires. Et aussi, et surtout, les encouragements indispensables ! Immense merci à Aurélie Michel, Cécile Casoni, Cécile Saccoman, Florent du Peyroux, Guillaume de Prémare, Odile Louvet, Stéphane Girardot.

Le travail de mise en scène éclaire d'une lumière crue les insuffisances d'un texte scripturaire à l'excès, non pas pour son inspiration mais pour sa forme. Passer de l'écrit à l'oral, au vivant, implique d'innombrables retouches. Améliorer la tension dramatique oblige en outre à des infléchissements. Stéphane Girardot et Victoria Delorge sont les « acteurs » essentiels de cette maïeutique et toute ma gratitude leur est acquise pour cette gigantesque contribution au texte, en plus de leur participation à l'aventure de son incarnation. Une mention spéciale pour Stéphane qui m'a bousculé en me faisant remonter sur les planches. Avec bonheur.

Le cercle de tous ceux qui ont aidé à la production et à l'organisation des premières représentations est large. Il convient de citer nommément quelques personnes. Julien Tanguy a créé la régie son et lumière. Le père Joseph Do Van Luong de la paroisse Saint Guen de Vannes nous a soutenu pour la logistique de l'avant-première. Le collège-lycée Notre-Dame le Ménimur nous a accueillis pour notre première. Enfin, Luce Mahoudeaux-Duvoskeldt a bien voulu créer le monotype de notre affiche et de la couverture de cette édition.

Deux universitaires « hors-classe » sont présents en filigrane dans cette pièce. René Girard, l'inventeur de la théorie mimétique, a donné au monde un prisme d'analyse incontournable de la foule et de sa violence et une rationalité de portée universelle à la genèse du religieux et du sacré. Les clefs de compréhension qu'il donne du judaïsme et du christianisme sont essentielles. J'ai tenté ici d'en donner un timide reflet. Claude Tresmontant, même s'il est controversé et dédaigné par « le consensus », a restitué les Évangiles à leur substrat hébreu originel, ainsi qu'à leur époque. Il en a donné des traductions vivifiantes. Il éclaire le continuum entre le judaïsme du I° siècle et le proto-christianisme. Merci à eux deux pour l'audace de leurs œuvres indispensables et ce qu'elles m'ont apporté et m'apportent encore !

Enfin, il serait profondément injuste de ne pas créditer quelques auteurs célèbres cités jusqu'au plagiat dans cette pièce : Jean, Paul, Matthieu, Marc, Luc, David, Jonas et bien d'autres ! Mais surtout, il ne faut pas oublier leur inspirateur à tous. Ce serait une odieuse ingratitude de l'oublier, Lui !

Deo Gratias !

Francis Marxen